U0515795

圖書在版編目（CIP）數據

海運續案．下 / 户部修．-- 北京 ：文物出版社，
2022.7
（海上絲綢之路基本文獻叢書）
ISBN 978-7-5010-7614-7

Ⅰ．①海… Ⅱ．①户… Ⅲ．①海上運輸—交通運輸史
—史料—中國—清代 Ⅳ．①F552.9

中國版本圖書館 CIP 數據核字（2022）第 086694 號

海上絲綢之路基本文獻叢書
海運續案（下）

修　　者：〔清〕户部
策　　劃：盛世博閱（北京）文化有限責任公司

封面設計：鞏榮彪
責任編輯：劉永海
責任印製：張道奇

出版發行：文物出版社
社　　址：北京市東城區東直門内北小街 2 號樓
郵　　編：100007
網　　址：http://www.wenwu.com
經　　銷：新華書店
印　　刷：北京旺都印務有限公司
開　　本：787mm×1092mm　1/16
印　　張：17.875
版　　次：2022 年 7 月第 1 版
印　　次：2022 年 7 月第 1 次印刷
書　　號：ISBN 978-7-5010-7614-7
定　　價：98.00 圓

總緒

海上絲綢之路，一般意義上是指從秦漢至鴉片戰争前中國與世界進行政治、經濟、文化交流的海上通道，主要分爲經由黄海、東海的海路最終抵達日本列島及朝鮮半島的東海航綫和以徐聞、合浦、廣州、泉州爲起點通往東南亞及印度洋地區的南海航綫。

在中國古代文獻中，最早、最詳細記載『海上絲綢之路』航綫的是東漢班固的《漢書·地理志》，詳細記載了西漢黄門譯長率領應募者入海『齎黄金雜繒而往』之事，書中所出現的地理記載與東南亞地區相關，并與實際的地理狀況基本相符。

東漢後，中國進入魏晉南北朝長達三百多年的分裂割據時期，絲路上的交往也走向低谷。這一時期的絲路交往，以法顯的西行最爲著名。法顯作爲從陸路西行到印度，再由海路回國的第一人，根據親身經歷所寫的《佛國記》（又稱《法顯傳》）一書，詳細介紹了古代中亞和印度、巴基斯坦、斯里蘭卡等地的歷史及風土人情，是瞭解和研究海陸絲綢之路的珍貴歷史資料。

隨着隋唐的統一，中國經濟重心的南移，中國與西方交通以海路爲主，海上絲綢之路進入大發展時期。廣州成爲唐朝最大的海外貿易中心，朝廷設立市舶司，專門管理海外貿易。唐代著名的地理學家賈耽（七三〇～八〇五年）的《皇華四達記》記載了從廣州通往阿拉伯地區的海上交通『廣州通夷道』，詳述了從廣州港出發，經越南、馬來半島、蘇門答臘半島至印度、錫蘭，直至波斯灣沿岸各國的航綫及沿途地區的方位、名稱、島礁、山川、民俗等。譯經大師義净西行求法，將沿途見聞寫成著作《大唐西域求法高僧傳》，詳細記載了海上絲綢之路的發展變化，是我們瞭解絲綢之路不可多得的第一手資料。

宋代的造船技術和航海技術顯著提高，指南針廣泛應用於航海，中國商船的遠航能力大大提升。北宋徐兢的《宣和奉使高麗圖經》詳細記述了船舶製造、海洋地理和往來航綫，是研究宋代海外交通史、中朝友好關係史、中朝經濟文化交流史的重要文獻。南宋趙汝適《諸蕃志》記載，南海有五十三個國家和地區與南宋通商貿易，形成了通往日本、高麗、東南亞、印度、波斯、阿拉伯等地的『海上絲綢之路』。宋代爲了加强商貿往來，於北宋神宗元豐三年（一〇八〇年）頒佈了中國歷史上第一部海洋貿易管理條例《廣州市舶條法》，并稱爲宋代貿易管理的制度範本。

元朝在經濟上採用重商主義政策，鼓勵海外貿易，中國與歐洲的聯繫與交往非常頻繁，其中馬可•波羅、伊本•白圖泰等歐洲旅行家來到中國，留下了大量的旅行記，記録元代海上絲綢之路的盛況。元代的汪大淵兩次出海，撰寫出《島夷志略》一書，記録了二百多個國名和地名，其中不少首次見於中國著録，涉及的地理範圍東至菲律賓群島，西至非洲。這些都反映了元朝時中西經濟文化交流的豐富内容。

明、清政府先後多次實施海禁政策，海上絲綢之路的貿易逐漸衰落。但是從明永樂三年至明宣德八年的二十八年裏，鄭和率船隊七下西洋，先後到達的國家多達三十多個，在進行經貿交流的同時，也極大地促進了中外文化的交流，這些都詳見於《西洋蕃國志》《星槎勝覽》《瀛涯勝覽》等典籍中。

關於海上絲綢之路的文獻記述，除上述官員、學者、求法或傳教高僧以及旅行者的著作外，自《漢書》之後，歷代正史大都列有《地理志》《四夷傳》《西域傳》《外國傳》《蠻夷傳》《屬國傳》等篇章，加上唐宋以來衆多的典制類文獻、地方史志文獻，集中反映了歷代王朝對於周邊部族、政權以及西方世界的認識，都是關於海上絲綢之路的原始史料性文獻。

海上絲綢之路概念的形成，經歷了一個演變的過程。十九世紀七十年代德國地理學家費迪南・馮・李希霍芬（Ferdinad Von Richthofen，一八三三～一九〇五），在其《中國：親身旅行和研究成果》第三卷中首次把輸出中國絲綢的東西陸路稱爲『絲綢之路』。有『歐洲漢學泰斗』之稱的法國漢學家沙畹（Édouard Chavannes，一八六五～一九一八），在其一九〇三年著作的《西突厥史料》中提出『絲路有海陸兩道』，蘊涵了海上絲綢之路最初提法。迄今發現最早正式提出『海上絲綢之路』一詞的是日本考古學家三杉隆敏，他在一九六七年出版《中國瓷器之旅：探索海上的絲綢之路》中首次使用『海上絲綢之路』一詞；一九七九年三杉隆敏又出版了《海上絲綢之路》一書，其立意和出發點局限在東西方之間的陶瓷貿易與交流史。

二十世紀八十年代以來，在海外交通史研究中，『海上絲綢之路』一詞逐漸成爲中外學術界廣泛接受的概念。根據姚楠等人研究，饒宗頤先生是華人中最早提出『海上絲綢之路』的人，他的《海道之絲路與昆侖舶》正式提出『海上絲路』的稱謂。選堂先生評價海上絲綢之路是外交、貿易和文化交流作用的通道。此後，大陸學者馮蔚然在一九七八年編寫的《航運史話》中，使用『海上絲綢之路』一詞，這是迄今學界查到的中國大陸最早使用『海上絲綢之路』的人，更多地限於航海活動領域的考察。一九八〇年北京大學陳炎教授提出『海上絲綢之路』研究，并於一九八一年發表《略論海上絲綢之路》一文。他對海上絲綢之路的理解超越以往，且帶有濃厚的愛國主義思想。陳炎教授之後，從事研究海上絲綢之路的學者越來越多，尤其沿海港口城市向聯合國申請海上絲綢之路非物質文化遺產活動，將海上絲綢之路研究推向新高潮。另外，國家把建設『絲綢之路經濟帶』和『二十一世紀海上絲綢之路』作爲對外發展方針，將這一學術課題提升爲國家願景的高度，使海上絲綢之路形成超越學術進入政經層面的熱潮。

與海上絲綢之路學的萬千氣象相對應，海上絲綢之路文獻的整理工作仍顯滯後，遠遠跟不上突飛猛進的研究進展。二〇一八年厦門大學、中山大學等單位聯合發起『海上絲綢之路文獻集成』專案，尚在醞釀當中。我們不揣淺陋，深入調查，廣泛搜集，將有關海上絲綢之路的原始史料文獻和研究文獻，分爲風俗物産、雜史筆記、海防海事、典章檔案等六個類别，彙編成《海上絲綢之路歷史文化叢書》，於二〇二〇年影印出版。此輯面市以來，深受各大圖書館及相關研究者好評。爲讓更多的讀者親近古籍文獻，我們遴選出前編中的菁華，彙編成《海上絲綢之路基本文獻叢書》，以單行本影印出版，以饗讀者，以期爲讀者展現出一幅幅中外經濟文化交流的精美畫卷，爲海上絲綢之路的研究提供歷史借鑒，爲『二十一世紀海上絲綢之路』倡議構想的實踐做好歷史的詮釋和注脚，從而達到『以史爲鑒』『古爲今用』的目的。

凡例

一、本編注重史料的珍稀性，從《海上絲綢之路歷史文化叢書》中遴選出菁華，擬出版百册單行本。

二、本編所選之文獻，其編纂的年代下限至一九四九年。

三、本編排序無嚴格定式，所選之文獻篇幅以二百餘頁爲宜，以便讀者閱讀使用。

四、本編所選文獻，每種前皆注明版本、著者。

五、本編文獻皆爲影印，原始文本掃描之後經過修復處理，仍存原式，少數文獻由於原始底本欠佳，略有模糊之處，不影響閱讀使用。

六、本編原始底本非一時一地之出版物，原書裝幀、開本多有不同，本書彙編之後，統一爲十六開右翻本。

目録

海運續案（下）

海運續案（下）

卷五—卷六

〔清〕户部 修

清咸豐二年進呈抄本

長洲縣

派裝漕白糧船二十三隻

第一號元字趙生泰 三月初三日進天津口

第二號太字金同泰 三月十八日進天津口

第三號太字沈長發 三月初三日進天津口

第四號寶字金恒盛 三月十五日進天津口

第五號通字姚得利 三月十九日進天津口

第六號太字謝源來 三月十六日進天津口

第七號吳字黄長德 三月二十日進天津口

第八號元字周同茂 三月初三日進天津口

第九號元字金保盛 三月初二日進天津口

第十號太字屠長春 三月十五日進天津口

第十一號崑字金永祥 三月十五日進天津口

第十二號上字甘永和 三月十五日進天津口

第十三號無字俞增利 三月十七日進天津口

第十四號海門字沙大春 三月十五日進天津口

第十五號昭字陳元順 三月初三日進天津口

第十六號崑字龔長福 三月十八日進天津口

第十七號崇字宋天盛 三月十七日進天津口

第十八號鎮字金乾泰 三月十五日進天津口

第十九號海門字樊聚順　四月初三日進天津口

第二十號太字馬永盛　三月初三日進天津口

第二十一號元字常隆順　三月十五日進天津口

第二十二號崑字沈協盛　三月二十七日進天津口

第二十三號鎮字金寶發　三月初十日進天津口

卷五

二

元和縣

派裝漕白糧船十五隻

第一號吳字金源祥　三月二十日進天津口

第二號鎮字金祥泰　三月十五日進天津口

第三號元字沈元康　三月十五日進天津口

第四號元字黃長盛　三月十[illegible]日進天津口

第五號通字姚恒茂　三月十五日進天津口

第六號太字金恒泰　三月初五日進天津口

第七號乘字張茂順　三月十六日進天津口

第八號上字陳和泰　三月十五日進天津口

第九號元字祝春年　三月十五日進天津口

第十號太字孫同泰　三月初一日進天津口

第十一號興字張福增　三月二十七日進天津口

第十二號寶字黃長興　三月初七日進天津口

第十三號通字彭恒齡　三月二十三日進天津口

第十四號贛字萬勝泰　三月十九日進天津口

第十五號太字戴源新　三月十九日進天津口

吴縣

派裝漕白糧船主隻

第一號元字方萃生　三月初三日進天津口

第二號元字謝長順　三月十七日進天津口

第三號賴字佘源來　三月初三日進天津口

第四號太字金萬發　三月初三日進天津口

第五號鎮字管長慶　四月十二日進天津口

第六號如字吳萬興　四月十九日進天津口

第七號鎮字彭永發　三月十二日進天津口

第八號[illegible]字孫永裕　三月初十日進天津口

第九號 吳字徐萬春 三月十八日進天津口

第十號 上字趙恒順 三月十二日進天津口

第十一號 太字馬寶興 三月十七日進天津口

第十二號 鎮字林錫隆 三月十九日進天津口

吳江縣

派裝漕白糧船十五隻

第一號韜字沈福源　三月十八日進天津口

第二號崑字張順發　三月十五日進天津口

第三號崑字張利發　三月初三日進天津口

第四號如字徐長利　三月初三日進天津口

第五號崑字沈凝盛　三月十二日進天津口

第六號崑字沈長盛　三月初十日進天津口

第七號太字張隆順　三月初三日進天津口

第八號崇字張恒裕　三月十四日進天津口

卷五

第九號 太字 陳得順 三月二十七日進天津口

第十號 太字 費大發 三月初三日進天津口

第十一號 韜字 張福臨 三月十五日進天津口

第十二號 海州字 張義昌 三月二十二日進天津口

第十三號 元字 沈祥發 三月十八日進天津口

第十四號 通字 顧長泰 三月二十日進天津口

第十五號 太字 沈履泰 三月十六日進天津口

五

震澤縣

派裝漕白糧船九隻

第一號鎮字屠長盛　三月初二日進天津口

第二號鎮字馬心盛　三月初九日進天津口

第三號元字孫恒源　三月十二日進天津口

第四號元字孫寶康　三月十五日進天津口

第五號贛字沈洪順　三月十五日進天津口

第六號贛字郁義泰　三月初一日進天津口

第七號吳字金長泰　三月十五日進天津口

第八號太字龔源利　三月二十七日進天津口

卷五　六

第九號　元字　張義順

三月初九日進天津口

常熟縣

派裝漕白糧船十六隻

第一號元字朱恒全　三月十七日進天津口
第二號通字季元隆　四月初一日進天津口
第三號崇字周乾順　三月十三日進天津口
第四號崇字周鼎順　三月十六日進天津口
第五號崇字沈萬泰　三月十八日進天津口
第六號通字江祥豐　三月十七日進天津口
第七號通字江祥璐　三月十八日進天津口
第八號崇字呂順泰　四月初三日進天津口

卷五　七

第九號　崇字范洪泰　三月三十日進天津口

第十號　通字郁隆駿　三月二十七日進天津口

第十一號　鎮字金同利　三月十五日進天津口

第十二號　鎮字章天壽　三月十八日進天津口

第十三號　吳字李運泰　三月十九日進天津口

第十四號　吳字談福隆　三月三十日進天津口

第十五號　太字薛長順　三月初三日進天津口

第十六號　太字薛福順　三月初三日進天津口

昭文縣

派裝漕白糧船十八隻

第一號 崑字 陸六順 三月二十日進天津口

第二號 鎮字 洪駿發 三月二十三日進天津口

第三號 常字 仲恒順 三月十七日進天津口

第四號 鎮字 莊福增 三月十七日進天津口

第五號 通字 江元發 三月十六日進天津口

第六號 通字 陸全裕 三月初十日進天津口

第七號 元字 陸永發 三月二十七日進天津口

第八號 元字 蔣永利 三月初三日進天津口

卷五　八

第九號　元字蔣元亨　三月十三日進天津口

第十號　元字蔣永吉　三月十二日進天津口

第十一號　元字戚元順　三月十五日進天津口

第十二號　元字陳福泰　三月初十日進天津口

第十三號　元字方恆泰　三月十五日進天津口

第十四號　吳字錢共發　三月二十日進天津口

第十五號　吳字金茂元　三月十六日進天津口

第十六號　吳字費大順　三月初三日進天津口

第十七號　海州張德隆　三月二十二日進天津口

第十八號　太字蔣肇生　三月十六日進天津口

崑山縣

派裝漕白糧船七隻

第一號	通字	郁裕順	三月十七日進天津口
第二號	通字	朱合隆	三月二十日進天津口
第三號	崑字	張永祥	三月初三日進天津口
第四號	元字	曹天隆	三月初三日進天津口
第五號	賓字	黃長生	三月二十日進天津口
第六號	如字	吳永泰	三月二十七日進天津口
第七號	元字	陸德利	四月初一日進天津口

卷五

九

卷五　九

新陽縣

派裝漕白糧船八隻

第一號靖字郁升泰　三月十二日進天津口

第二號崇字呂新威　三月十七日進天津口

第三號元字孫永康　三月十五日進天津口

第四號元字沈裕茂　三月初三日進天津口

第五號元字孫永昌　三月初三日進天津口

第六號元字金長茂　三月十五日進天津口

第七號鎮字陳德茂　三月二十日進天津口

第八號鎮字王永發　三月十五日進天津口

卷五

華亭縣

派裝漕白糧船九隻

第一號 太字 鈕德發 三月初三日進天津口

第二號 通字 彭邇福 三月十八日進天津口

第三號 贛字 彭豫泰 三月初三日進天津口

第四號 鎮字 張德茂 三月初三日進天津口

第五號 鎮字 余德泰 三月二十一日進天津口

第六號 鎮字 申天壽 三月三十日進天津口

第七號 鎮字 鈕聚盛 三月二十日進天津口

第八號 海川字 張金元 三月二十二日進天津口

卷二五

廿一

叄五

第九號 鎮字 楊新泰

三月十九日進天津口

奉賢縣

派裝漕白糧船七隻

第一號 元字 徐德泰 三月初三日進天津口

第二號 元字 王德盛 三月十七日進天津口

第三號 吳字 夏長壽 三月十八日進天津口

第四號 崇字 呂洪泰 三月二十二日進天津口

第五號 鎮字 陳義泰 四月初三日進天津口

第六號 輔字 余源盛 三月二十七日進天津口

第七號 崇字 施合順 四月十八日進天津口

卷五 十二

婁縣

派裝漕白糧船六隻

第一號吳字夏元壽　三月十五日進天津口

第二號通字錢合利　四月初三日進天津口

第三號太字鄭順興　三月十七日進天津口

第四號吳字金長發　三月廿七日進天津口

第五號通字翟源順　四月初四日進天津口

第六號崑字朱安泰　三月初三日進天津口

卷五

十三

金山縣

派裝漕白糧船八隻

第一號 元字 沈裕凝 三月初十日進天津口

第二號 元字 沈裕生 三月初三日進天津口

第三號 吳字 沈利貞 三月十六日進天津口

第四號 鎮字 王壽申 三月十五日進天津口

第五號 上字 王吉泰 三月十八日進天津口

第六號 太字 陸長增 三月二十日進天津口

第七號 通字 姚利益 三月十八日進天津口

第八號 太字 馬發泰 五月初七日進天津口

卷五　十四

第九號 元字 王元壽　三月十六日進天津口

第十號 丹陽 聶利涉　三月十八日進天津口

上海縣

派裝漕白糧船八隻

第一號 鎮字 孫元元 三月十六日進天津口

第二號 鎮字 沈祥茂 三月十五日進天津口

第三號 上字 王永吉 三月初十日進天津口

第四號 上字 王永生 三月二十一日進天津口

第五號 上字 王永裕 三月十五日進天津口

第六號 元字 何長增 三月二十二日進天津口

第七號 鎮字 孫裕福 三月二十日進天津口

第八號 元字 何恒新 三月二十日進天津口

卷五　十五

南滙縣

派裝漕白糧船六隻

第一號 通字 彭隆祥 三月十五日進天津口

第二號 通字 彭壽福 三月初九日進天津口

第三號 通字 彭壽祿 三月初九日進天津口

第四號 鎮字 全寶利 三月初三日進天津口

第五號 鎮字 全協泰 三月初十日進天津口

第六號 通字 彭合順 三月初十日進天津口

卷五　卅六

青浦縣

派裝漕白糧船二十四隻

第一號元字錢天成　三月初十日進天津口

第二號鎮字金裕增　三月初二日進天津口

第三號崇字呂合泰　三月十五日進天津口

第四號寶字張常盛　三月十六日進天津口

第五號上字陳合隆　三月十六日進天津口

第六號崑字金益利　四月初四日進天津口

第七號鎮字曹永春　三月十五日進天津口

第八號太字錢萃恒　三月十五日進天津口

卷五　十七

第九號崇字朱福昌　三月十八日進天津口

第十號崇字王源興　三月十三日進天津口

第十一號元字沈仁盛　三月十五日進天津口

第十二號元字張義興　三月初一日進天津口

第十三號元字朱元發　三月十八日進天津口

第十四號元字孫長福　三月十六日進天津口

第十五號元字孫恒寶　三月初三日進天津口

第十六號昃字姚順泰　三月十五日進天津口

第十七號崇字呂永慶　三月十五日進天津口

第十八號崇字陳泰來　三月十六日進天津口

第十九號 崇字 呂奕盛 三月十七日進天津口

第二十號 元字 黃源昌 三月十七日進天津口

第二十一號 長字 祝萬壽 三月十八日進天津口

第二十二號 崇字 呂茂盛 三月初十日進天津口

第二十三號 崇字 呂又盛 三月初三日進天津口

第二十四號 鎮字 余立源 三月二十日進天津口

卷五

十八

川沙廳

冰裝漕白糧船二隻

第一號 元字 沈隆發 四月初三日進天津口

第二號 海州字 張德盛 三月二十七日進天津口

海運續案 卷五 卄九

武進縣

派裝漕白糧船十五隻

第一號吳字徐恒泰　三月初十日進天津口

第二號太字俞仁康　三月初三日進天津口

第三號太字張永隆　三月初十日進天津口

第四號昆字徐元順　三月初三日進天津口

第五號上字王元泰　三月十五日進天津口

第六號崇字周履順　三月十六日進天津口

第七號太字陸萬泰　三月十五日進天津口

第八號太字朱福康　三月十七日進天津口

卷五

第九號　鎮字陸萬年　三月五十日進天津口

第十號　鎮字周福茂　三月十五日進天津口

第十一號　太字張祥茂　三月二十二日進天津口

第十二號　鎮字金保堃　三月十七日進天津口

第十三號　江陰字錢福利　四月十七日進天津口

第十四號　如字管長源　三月二十九日進天津口

第十五號　建字倪長發　三月十八日進天津口

二十

陽湖縣

派裝漕白糧船二十隻

第一號　吳字金再福　三月二十日進天津口

第二號　崑字陳合泰　三月二十二日進天津口

第三號　鎮字楊元吉　三月初十日進天津口

第四號　太字孫爽隆　三月二十二日進天津口

第五號　太字王義增　三月十八日進天津口

第六號　元字金永昌　三月十五日進天津口

第七號　鎮字馬駿元　三月二十二日進天津口

第八號　如字唐廣德　三月十九日進天津口

卷五　三十一

卷五　三十一

第九號　幇字　蔣源盛　三月十九日進天津口

第十號　上字　金永元　三月初一日進天津口

第十一號　上字　金永和　三月初一日進天津口

第十二號　通字　彭恒茂　三月十九日進天津口

第十三號　通字　彭恒興　三月十八日進天津口

第十四號　無字　俞源利　三月十八日進天津口

第十五號　鎮字　袁永利　三月十九日進天津口

第十六號　皂字　陸錦吉　四月初一日進天津口

第十七號　鎮字　楊合發　三月十六日進天津口

第十八號　吳字　白馮源　三月初十日進天津口

第十九號 無字 丁永利　三月十九日進天津口

第二十號 竇字 孫德茂　三月初十日進天津口

卷五　二十二

卷五　三十二

無錫縣

派裝漕白糧船十四隻

第一號 元字 孫寶生 三月十六日進天津口

第二號 鎮字 金生泰 三月十七日進天津口

第三號 通字 彭義順 三月十九日進天津口

第四號 崑字 馬吉盛 三月初一日進天津口

第五號 鎮字 洪駿福 三月十五日進天津口

第六號 鎮字 彭長慶 三月十三日進天津口

第七號 元字 孫長慶 三月初一日進天津口

第八號 元字 孫鴻来 三月初三日進天津口

第九號 元字孫長興 三月十五日進天津口

第十號 通字彭[illegible]茂 三月十七日進天津口

第十一號 輔字趙隆順 三月十七日進天津口

第十二號 太字馬祿順 三月初七日進天津口

第十三號 元字張德潤 三月十八日進天津口

第十四號 興字沈協昌 三月初十日進天津口

金匱縣

派裝漕白糧船十隻

第一號　元字　馬典盛　三月初十日進天津口

第二號　太字　彭彩祿　三月十五日進天津口

第三號　元字　孫恒義　三月十六日進天津口

第四號　鎮字　張履發　五月初七日進天津口

第五號　昆字　徐長盛　三月三十日進天津口

第六號　通字　金錢利　三月十七日進天津口

第七號　元字　王遇順　三月十二日進天津口

第八號　吳字　沈協亨　三月二十六日進天津口

卷五

二十四

卷五　二十四

第九號吳字林錫康　三月二十日進天津口

第十號上字金榮隆　三月初三日進天津口

第十一號堯字金永裕　三月初十日進天津口

江陰縣

派裝漕白糧船十隻

第一號 元字 方萃豐 三月初五日進天津口

第二號 通字 彭福延 三月二十日進天津口

第三號 通字 沙聚源 三月十六日進天津口

第四號 賴字 佘德順 三月二十日進天津口

第五號 棠字 趙安泰 三月十八日進天津口

第六號 寶字 周正順 三月二十二日進天津口

第七號 太字 胡福源 三月十二日進天津口

第八號 海州字 張義興 三月二十三日進天津口

卷五　　五十五

第九號　崑字沈福源　三月十七日進天津口

第十號　元字陳興泰　三月二十六日進天津口

宜興縣

派裝漕白糧船五隻

第一號頡字郭萬亨　三月二十日進天津口

第二號元字沈裕盛　三月十五日進天津口

第三號元字陸綏壽　三月十五日進天津口

第四號寶字王恒盛　三月十六日進天津口

第五號海州字顧萬順　三月十九日進天津口

卷五

三十六

卷五

一六

溧陽縣

派裝漕白糧船九隻

第一號　元字金永興　三月十五日進天津口

第二號　贛字沈興祥　三月十七日進天津口

第三號　元字孫隆順　三月三十日進天津口

第四號　吳字沈長亨　四月初三日進天津口

第五號　元字趙永泰　三月初三日進天津口

第六號　上字沈長利　三月十七日進天津口

第七號　通字彭錫隆　三月二十日進天津口

第八號　太字王德茂　四月初一日進天津口

卷五　二十七

卷五

第九號通字姚洪利

三月十六日進天津口

太倉州

派裝漕白糧船十四隻

第一號　上字　袁長茂　三月初十日進天津口

第二號　無字　唐長利　三月二十日進天津口

第三號　呉字　施大發　三月十九日進天津口

第四號　元字　趙洪泰　三月十八日進天津口

第五號　太字　胡福盛　三月初十日進天津口

第六號　太字　莊德祿　三月十六日進天津口

第七號　元字　孫福金　三月十四日進天津口

第八號　崑字　陳永利　三月初三日進天津口

[illegible]

第九號　崑字　張永泰　三月二十九日進天津口

第十號　吳字　應得順　三月十二日進天津口

第十一號　通字　彭榮發　四月初一日進天津口

第十二號　元字　謝天順　三月初十日進天津口

第十三號　吳字　章天福　三月十六日進天津口

第十四號　海門字　沈發祥　三月十七日進天津口

鎮洋縣

派裝漕白糧船十二隻

第一號 上字 張大茂 三月初三日進天津口

第二號 寶字 孫永茂 三月十五日進天津口

第三號 元字 孫恒泰 三月初三日進天津口

第四號 海門字 沙益利 三月十八日進天津口

第五號 元字 張大興 三月初三日進天津口

第六號 韜字 孫鴻泰 三月十三日進天津口

第七號 元字 施萬興 三月十九日進天津口

第八號 元字 孫永吉 三月初三日進天津口

卷五

第九號元字張裕興　三月初十日進天津口

第十號元字孫彩泰　三月初三日進天津口

第十一號太字莊德壽　三月二十三日進天津口

第十二號元字趙恒福　三月二十七日進天津口

二十九

寶山縣

派裝漕白糧船四隻

第一號海門字陸元順　三月十[illegible]日進天津口

第二號通字彭義茂　三月二十日進天津口

第三號靖字佘聚泰　三月十五日進天津口

第四號通字高萬順　三月十八日進天津口

海運續案 卷五 三十

嘉定縣

派裝漕白糧船五隻

第一號元字孫得順　三月初三日進天津口

第二號鎮字孫興盛　三月十七日進天津口

第三號太字金德增　三月十九日進天津口

第四號海州字顧萬盛　三月十一日進天津口

第五號海州字張仁昌　四月初三日進天津口

[illegible] 卷五 [illegible]

長洲縣

派裝漕白糧船二十一隻

第二十四號元字周元順　三月二十日進天津口

第二十五號吳字謝恒順　三月二十二日進天津口

第二十六號贛字徐德泰　三月二十七日進天津口

第二十七號飢字金長茂　三月二十三日進天津口

第二十八號吳字金增盛　四月初六日進天津口

第二十九號贛字鄭萬泰　三月二十三日進天津口

第三十號太字林增祿　四月初四日進天津口

第三十一號上字張元泰　三月二十日進天津口

卷五　三十一

卷五　三十三

第三十二號崑字實恒孚　三月二十三日進天津口

第三十三號太字袁長泰　四月初一日進天津口

第三十四號崑字施翔發　四月二十八日進天津口

第三十五號太字程增康　四月初五日進天津口

第三十六號丹字聶隆泰　三月二十七日進天津口

第三十七號通字彭恒壽　四月初三日進天津口

第三十八號崇字陳源利　四月初一日進天津口

第三十九號崇字張恒升　三月三十日進天津口

第四十號元字金元發　四月初六日進天津口

第四十一號元字蔣源福　四月初三日進天津口

第四十二號　鎮字　楊永春　三月二十八日進天津口

第四十三號　元字　孫永興　三月二十六日進天津口

第四十四號　鎮字　金長泰　三月二十九日進天津口

海東繹史　卷五　三十三

元和縣

派裝漕白糧船十隻

第十六號鎮字章天祿 四月三十日進天津口

第十七號崑字彭咸順 四月初三日進天津口

第十八號鎮字李恒貞 三月二十日進天津口

第十九號贛字郁景泰 三月十六日進天津口

第二十號元字陸永福 三月二十七日進天津口

第二十一號崑字吳茂泰 四月十二日進天津口

第二十二號太字孫福泰 三月二十二日進天津口

第二十三號元字蔣元利 三月二十七日進天津口

卷五

三福

卷五

第二十四號 字 徐長興 三月二十九日進天津口

第二十五號 上字 張德利 三月二十九日進天津口

三十六

吳縣

派裝漕白糧船十五隻

第十三號　元字　王衍泰　四月初四日進天津口

第十四號　上字　陳景祿　三月二十日進天津口

第十五號　崑字　黃長利　四月三十日進天津口

第十六號　鎮字　金福來　三月初十日進天津口

第十七號　崇字　朱福春　三月十六日進天津口

第十八號　崑字　張聚盛　三月十六日進天津口

第十九號　無字　丁源利　三月二十七日進天津口

第二十號　元字　金永康　三月二十日進天津口

卷五

三十五

第二十一號太字孫恒盛　三月十五日進天津口

第二十二號通字彭壽發　三月二十七日進天津口

第二十三號鎮字彭裕慶　三月二十九日進天津口

第二十四號元字孫颿順　三月二十三日進天津口

第二十五號鎮字孫恒祥　三月二十七日進天津口

第二十六號東字屠長泰　三月二十九日進天津口

第二十七號崇字宋隆盛　三月二十日進天津口

吳江縣

派裝漕白糧船九隻

第十六號 吳字 尹盛泰 三月二十七日進天津口

第十七號 寶字 孫德隆 三月初十日進天津口

第十八號 蘋字 沈洪泰 三月二十七日進天津口

第十九號 元字 金咸祿 三月二十九日進天津口

第二十號 崇字 施祥泰 三月二十九日進天津口

第二十一號 吳字 周長順 四月十一日進天津口

第二十二號 崑字 包同泰 四月初二日進天津口

第二十三號 鎮字 繆洪泰 三月二十四日進天津口

卷五　三十六

第二十四號 海州字 劉合興

三月二十日進天津口

震澤縣

派裝漕白糧船十三隻

第十號　通字彭裕壽　三月二十九日進天津口

第十一號　吳字謝大順　三月十九日進天津口

第十二號　通字彭長泰　四月十六日進天津口

第十三號　鎮字孫祿順　三月二十七日進天津口

第十四號　通字朱長順　三月二十七日進天津口

第十五號　崇字顧源發　三月二十九日進天津口

第十六號　鎮字郭大隆　三月二十二日進天津口

第十七號　通字高淞順　四月初一日進天津口

卷五

意

第十八號　通字　湯永祿　三月二十七日進天津口

第十九號　崇字　蔡長福　四月十六日進天津口

第二十號　通字　彭麟祥　三月二十七日進天津口

第二十一號　通字　韓聚利　三月二十七日進天津口

第二十二號　鎮字　金合利　四月十二日進天津口

常熟縣

派裝漕糧船二十二隻

第十七號　梁字　瞿元貞　三月二十二日進天津口

第十八號　太字　曹永盛　四月初一日進天津口

第十九號　韻字　萬長源　三月二十七日進天津口

第二十號　鎮字　周德發　四月初三日進天津口

第二十一號　寶字　孫永隆　三月十八日進天津口

第二十二號　鎮字　陳福利　三月三十日進天津口

第二十三號　太字　孫同茂　三月二十二日進天津口

第二十四號　鎮字　金寶凝　三月二十四日進天津口

卷五　三十八

第二十五號　贛字　余德泰　三月二十七日進天津口

第二十六號　通字　彭德昌　三月十七日進天津口

第二十七號　海州字　汪源昌　三月二十二日進天津口

第二十八號　鎮字　周寶源　三月二十七日進天津口

第二十九號　贛字　孫同德　四月十二日進天津口

第三十號　通字　彭齡福　三月二十日進天津口

第三十一號　崇字　沈合茂　三月二十七日進天津口

第三十二號　鎮字　莊茂盛　三月二十日進天津口

第三十三號　鎮字　吳萬泰　四月十五日進天津口

第三十四號　鎮字　陸景福　四月十六日進天津口

第三十五號 鎮字 高天發 四月初三日進天津口

第三十六號 通字 彭長睞 三月二十六日進天津口

第三十七號 吳字 公大發 三月二十七日進天津口

第三十八號 元字 陸鑫吉 三月二十三日進天津口

卷五 三十九

昭文縣

派裝漕糧船十一隻

第十九號[illegible]字陳福利　三月二十八日進天津口

第二十號元字錢森利　三月二十九日進天津口

第二十一號吳字陸祥盛　三月十七日進天津口

第二十二號崑字金長發　三月二十二日進天津口

第二十三號元字王元禎　三月二十日進天津口

第二十四號太字張義和　三月二十三日進天津口

第二十五號太字金永興　三月二十日進天津口

第二十六號崇字陳萬春　三月二十七日進天津口

卷五　四

第二十七號　元字　蔣福茂　三月十八日進天津口

第二十八號　吳江字　顧永椿　三月二十二日進天津口

第二十九號　太字　鄭順發　三月十八日進天津口

崑山縣

派裝漕糧船七隻

第八號 元字 朱恒大 三月九日進天津口

第九號 吳字 孫恒吉 三月十六日進天津口

第十號 無字 龔永興 四月三十日進天津口

第十一號 海州字 武和順 三月三十日進天津口

第十二號 上字 王永興 三月二十日進天津口

第十三號 鎮字 莊源順 三月十五日進天津口

第十四號 崇字 孫德發 三月二十七日進天津口

卷五 　　四十二

新陽縣
派裝漕糧船八隻
第九號　崇字　蔡長增　四月初三日進天津口
第十號　贛字　蔣源益　四月初三日進天津口
第十一號　元字　莊合順　三月二十三日進天津口
第十二號　鎮字　公同發　四月十二日進天津口
第十三號　通字　彭永康　三月二十三日進天津口
第十四號　寶字　施元貞　三月二十日進天津口
第十五號　太字　賁大富　四月初一日進天津口
第十六號　海州字　劉長盛　四月初三日進天津口

華亭縣

派裝漕糧船九隻

第十號 崇字張發泰 三月二十九日進天津口

第十一號 太字顧長增 三月二十二日進天津口

第十二號 吳字丁永興 四月初一日進天津口

第十三號 寶字黃福昌 三月二十日進天津口

第十四號 通字彭元昌 三月三十日進天津口

第十五號 通字姚源利 四月初三日進天津口

第十六號 崇字張恒德 四月初一日進天津口

第十七號 鎮字顧元和 四月初三日進天津口

卷五　四十三

第十八號吳字沈萬亭

四月初五日進天津口

奉賢縣

派裝漕糧船七隻

第八號　鎮字　陳源裕　四月初八日進天津口

第九號　崑字　吳協興　三月三十日進天津口

第十號　鎮字　徐永利　四月初一日進天津口

第十一號　通字　彭壽申　三月二十九日進天津口

第十二號　鎮字　楊元祥　三月二十三日進天津口

第十三號　崑字　戴永盛　三月三十日進天津口

第十四號　崇字　蔡天順　四月初六日進天津口

卷五　四十四

卷五 四

婁縣

派裝漕糧船十隻

第七號　元字　王宏盛　三月二十二日進天津口

第八號　賴字　徐常泰　三月二十七日進天津口

第九號　元字　王衍利　三月十五日進天津口

第十號　崑字　朱福泰　三月十四日進天津口

第十一號　崇字　黃長順　三月三十日進天津口

第十二號　寶字　黃過發　四月十二日進天津口

第十三號　鎮字　孫永興　三月二十二日進天津口

第十四號　東字　張合隆　四月初三日進天津口

卷五　四十五

卷五　四十五

第十五號通字彭恒源　四月初二日進天津口

第十六號通字楊全順　三月二十七日進天津口

金山縣

派裝漕糧船七隻

第十一號輯字陳福順　四月初三日進天津口

第十二號元字陳同源　三月二十九日進天津口

第十三號鎮字楊福茂　三月二十八日進天津口

第十四號實字孫瑞和　四月初八日進天津口

第十五號通字彭森泰　四月初八日進天津口

第十六號崇字陳協春　四月初三日進天津口

第十七號崇字沈元豐　四月十二日進天津口

卷五　四十六

上海縣

派裝漕糧船十隻

第九號　太字　田永興　三月二十七日進天津口

第十號　太字　田永發　三月二十三日進天津口

第十一號　元字　孫邇福　三月二十七日進天津口

第十二號　上字　金和茂　三月二十六日進天津口

第十三號　吳字　孫祿昌　三月二十日進天津口

第十四號　吳字　林吉順　四月初八日進天津口

第十五號　崇字　張[illegible]順　四月二十五日進天津口

第十六號　鎮字　沈協盛　三月二十日進天津口

卷五 四七

第十八號 鎮字楊永安 三月二十九日進天津口

第十八號 鎮字林錫貞 三月二十日進天津口

南滙縣

派裝漕糧船二十九隻

第七號　元字孫恒生　三月二十九日進天津口

第八號　鎮字楊永祿　三月十八日進天津口

第九號　鎮字沈協茂　三月十五日進天津口

第十號　鎮字林錫祥　三月十六日進天津口

第十一號　元字楊祿茂　三月十六日進天津口

第十二號　上字楊元發　三月十七日進天津口

第十三號　鎮字林錫元　三月十七日進天津口

第十四號　鎮字金來盛　三月十七日進天津口

卷五　四十八

第十五號　鎮字　金恒福　三月十五日進天津口

第十六號　元字　金恒盛　三月十七日進天津口

第十七號　鎮字　金恒禄　三月二十日進天津口

第十八號　鎮字　楊永凝　三月十五日進天津口

第十九號　元字　張義隆　三月二十四日進天津口

第二十號　元字　王遇春　三月二十六日進天津口

第二十一號　太字　莊寶來　三月十五日進天津口

第二十二號　崇字　呂耕泰　三月二十七日進天津口

第二十三號　元字　趙恒吉　三月二十日進天津口

第二十四號　太字　趙恒壽　三月二十二日進天津口

第二十五號　元字　朱恒安　三月二十日進天津口
第二十六號　鎮字　盛吉利　三月廿四日進天津口
第二十七號　崇字　孫恒泰　三月二十四日進天津口
第二十八號　贛字　蔣通順　三月二十九日進天津口
第二十九號　贛字　蔣利順　三月二十日進天津口
第三十號　元字　祝介平　三月十九日進天津口
第三十一號　贛字　蔣源裕　三月二十七日進天津口
第三十二號　贛字　蔣源增　三月二十二日進天津口
第三十三號　贛字　沈源祥　三月十六日進天津口
第三十四號　贛字　沈洪源　三月二十九日進天津口

卷五　四十九

[illegible]紙　卷五　四十九

第三十五號　元字　祝永年　三月二十日進天津口

青浦縣

派裝漕糧船八隻

第二十五號元字孫恒有　三月二十二日進天津口

第二十六號元字孫恒來　三月二十六日進天津口

第二十七號元字曹永慶　四月初一日進天津口

第二十八號崇字宋福盛　三月二十七日進天津口

第二十九號太字奚恒鈺　四月初一日進天津口

第三十號鎮字郭長興　三月二十二日進天津口

第三十一號鎮字諸公順　三月二十二日進天津口

第三十二號海州字江源發　三月二十七月進天津口

卷五

川沙廳

派裝漕糧船二隻

第三號元字趙祥泰 三月二十日進天津口

第四號元字陳景福 三月二十四日進天津口

卷五 五十一

卷五

五十六

武進縣

派裝漕糧船十六隻

第十六號 蘇字 胡同順 三月二十二日進天津口

第十七號 崑字 沈恒茂 三月二十六日進天津口

第十八號 吴字 馮益昌 三月十六日進天津口

第十九號 蘇字 徐德源 三月二十日進天津口

第二十號 鎮字 楊元康 三月二十二日進天津口

第二十一號 通字 彭同順 三月二十七日進天津口

第二十二號 太字 陸全興 三月二十三日進天津口

第二十三號 海門 沙恒春 三月二十日進天津口

卷五 五十二

卷五

第二十四號 崇字 陳隆慶 四月初三日進天津口

第二十五號 崇字 呂源泰 四月十七日進天津口

第二十六號 韜字 郭萬利 四月初二日進天津口

第二十七號 鎮字 孫恒茂 三月十五日進天津口

第二十八號 崑字 沈協春 三月二十二日進天津口

第二十九號 太字 鈕德利 四月初一日進天津口

第三十號 太字 金仁泰 三月三十日進天津口

第三十一號 元字 黃金昌 四月初一日進天津口

五十二

陽湖縣

派裝漕糧船八隻

第二十一號元字屠長茂　四月二十五日進天津口

第二十二號崇字陳萬順　四月初三日進天津口

第二十三號吳字夏長福　三月三十日進天津口

第二十四號吳字祝盛寧　四月十六日進天津口

第二十五號通字季廣凝　四月初三日進天津口

第二十六號通字彭恒隆　四月十三日進天津口

第二十七號崇字陳永發　四月初二日進天津口

第二十八號崇字陳同泰　四月初三日進天津口

卷五　五十二

卷五

五十三

無錫縣

派裝漕糧船十二隻

第十五號 元字 姚生福 四月初五日進天津口

第十六號 崇字 周如盛 三月二十七日進天津口

第十七號 崇字 朱顧福 三月二十二日進天津口

第十八號 鎮字 吳恒齡 三月二十四日進天津口

第十九號 太字 謝德和 三月二十日進天津口

第二十號 崑字 沈永盛 三月二十二日進天津口

第二十一號 吳字 張德興 三月二十七日進天津口

第二十二號 太字 孫長發 三月二十日進天津口

卷五

五十四

卷五

第二十三號 鎮字 王顧順 三月二十三日進天津口

第二十四號 元字 孫恒昌 四月十三日進天津口

第二十五號 吳江字 馬文泰 四月十三日進天津口

第二十六號 太字 王復興 四月初三日進天津口

五十四

金匱縣

派裝漕糧船十五隻

第十二號吳字丁合興　四月初一日進天津口

第十三號上字奚恒康　三月二十日進天津口

第十四號鎮字金大順　四月初三日進天津口

第十五號吳字卲德盛　四月初一日進天津口

第十六號崇字陸再德　三月二十日進天津口

第十七號崑字潘永泰　三月三十日進天津口

第十八號崇字陳合盛　三月二十九日進天津口

第十九號通字錢長源　三月三十日進天津口

卷五

第二十號 吳字 吳恒延 三月二十九日進天津口

第二十一號 崇字 陳萬隆 四月十五日進天津口

第二十二號 崇字 蔡興盛 三月二十九日進天津口

第二十三號 鎮字 馬泰來 三月三十日進天津口

第二十四號 鎮字 金德和 四月十二日進天津口

第二十五號 寶字 黄福安 三月二十日進天津口

第二十六號 無字 金生利 四月十六日進天津口

五五

江陰縣

派裝漕糧船十九隻

第十一號 錫字 蔣源隆 三月二十日進天津口

第十二號 吳字 馬協泰 三月二十四日進天津口

第十三號 元字 陸介福 三月二十二日進天津口

第十四號 崑字 金永升 三月二十二日進天津口

第十五號 上字 孫福盛 三月二十二日進天津口

第十六號 通字 朱福春 三月二十日進天津口

第十七號 崇字 施恒發 四月初一日進天津口

第十八號 吳江字 龔恒利 四月初一日進天津口

卷五

卷六

叁五

第十九號　元字奚恒和　三月二十日進天津口

第二十號　元字張義茂　三月二十二日進天津口

第二十一號　元字朱永茂　四月初一日進天津口

第二十二號　鎮字莊利全　三月二十七日進天津口

第二十三號　太字張德順　四月初九日進天津口

第二十四號　棠字呂生泰　四月十三日進天津口

第二十五號　通字彭同福　三月二十三日進天津口

第二十六號　上字沈德泰　三月二十七日進天津口

第二十七號　棠字陳同發　四月初三日進天津口

第二十八號　太字董長春　三月二十七日進天津口

叁六

第二十九號 崇字 蔣元盛

四月十一日進天津口

卷五

五七

卷五

宜興縣

派裝漕糧船二十六隻

第六號 靖字 孫長利 四月二十七日進天津口

第七號 崑字 龔和順 三月二十三日進天津口

第八號 鎮字 楊元春 三月十九日進天津口

第九號 通字 彭裕生 三月十七日進天津口

第十號 韜字 余臨泰 三月二十二日進天津口

第十一號 海州字 張德昌 三月二十五日進天津口

第十二號 如字 唐廣泰 三月二十三日進天津口

第十三號 通字 黄福順 三月二十二日進天津口

第十四號 順字張福增 三月二十二日進天津口

第十五號 通字周遂順 三月二十七日進天津口

第十六號 通字湯恒泰 三月二十日進天津口

第十七號 元字祝萬年 三月二十日進天津口

第十八號 元字金永泰 三月初二日進天津口

第十九號 元字王仁泰 三月十九日進天津口

第二十號 鎮字金長順 三月二十三日進天津口

第二十一號 吳字謝德茂 三月三十日進天津口

第二十二號 吳字彭順隆 四月初九日進天津口

第二十三號 通字彭元泰 三月二十六日進天津口

第二十四號　海州字　胡源順　四月初三日進天津口

第二十五號　吳字　嚴同順　三月廿九日進天津口

第二十六號　上字　張協隆　三月二十九日進天津口

第二十七號　通字　高驪順　三月二十七日進天津口

第二十八號　吳字　金裕興　四月初三日進天津口

第二十九號　崇字　龔長源　四月初三日進天津口

第三十號　鎮字　錢保昌　四月初一日進天津口

第三十一號　元字　張大昌　三月二十日進天津口

卷五

五十九

荊溪縣

派裝漕糧船十八隻

第一號元字張永春　三月二十日進天津口

第二號如字吳長利　四月初五日進天津口

第三號元字包長發　三月初三日進天津口

第四號太字吳恒發　四月初一日進天津口

第五號無字任德利　三月十六日進天津口

第六號鎮字許長利　四月初六日進天津口

第七號鎮字金隆茂　三月二十九日進天津口

第八號韓字萬和源　三月二十二日進天津口

第九號 崇字 黃宏盛 三月二十九日進天津口

第十號 通字 彭永源 三月三十日進天津口

第十一號 鎮字 金天順 三月三十日進天津口

第十二號 鎮字 孫協利 三月十五日進天津口

第十三號 元字 王衍康 三月十五日進天津口

第十四號 鎮字 張原發 三月十九日進天津口

第十五號 太字 張永和 三月二十日進天津口

第十六號 上字 張正泰 三月二十日進天津口

第十七號 鎮字 錢萬利 三月三十日進天津口

第十八號 海州字 顧萬隆 失風

丹陽縣

派裝漕糧船十隻

第一號　元字　黃利昌　三月[illegible]日進天津口

第二號　太字　戴同春　四月十四日進天津口

第三號　太字　馬洽興　四月十八日進天津口

第四號　通字　彭恒福　四月初三日進天津口

第五號　通字　彭利福　四月初一日進天津口

第六號　通字　崔元昌　四月[illegible]日進天津口

第七號　崇字　呂財泰　五月十五日進天津口

第八號　通字　陳愈慶　四月初五日進天津口

卷五　　六十一

第九號　灘字萬長順　四月初十日進天津口

第十號　吳江字奚恒茂　三月二十日進天津口

金壇縣

派裝漕糧船十六隻

第一號 通字 彭合茂 三月二十七日進天津口

第二號 通字 彭發祥 三月二十七日進天津口

第三號 鎮字 陳金泰 三月二十二日進天津口

第四號 崑字 沈永茂 三月十七日進天津口

第五號 太字 田恒發 三月二十七日進天津口

第六號 鎮字 金永安 五月初三日進天津口

第七號 吳字 張德和 三月二十四日進天津口

第八號 崑字 謝隆泰 三月二十三日進天津口

第九號　太字沈隆祥　三月二十九日進天津口

第十號　元字陸介祿　三月二十二日進天津口

第十一號　太字薛長發　四月初一日進天津口

第十二號　黄字王源發　四月初十日進天津口

第十三號　榮字王源生　四月十八日進天津口

第十四號　黄字正鴻順　四月十五日進天津口

第十五號　江陰字錢德利　三月二十七日進天津口

第十六號　崑字陳萬利　三月二十七日進天津口

溧陽縣

派裝漕糧船二十四隻

第十號 崇字 黄勝和 四月十二日進天津口

第十一號 讀字 徐協源 三月二十七日進天津口

第十二號 輔字 徐洪泰 三月二十七日進天津口

第十三號 上字 沈協禄 三月二十三日進天津口

第十四號 元字 周元亨 三月十九日進天津口

第十五號 太字 莊利順 三月十九日進天津口

第十六號 崑字 金和利 四月初九日進天津口

第十七號 海州字 武萬泰 三月二十七日進天津口

卷五

第十八號 贛字 余源生 三月二十三日進天津口

第十九號 崇字 蔣恒協 三月二十三日進天津口

第二十號 鎮字 金長利 三月二十七日進天津口

第二十一號 上字 張元茂 三月二十二日進天津口

第二十二號 鎮字 楊永興 三月二十二日進天津口

第二十三號 寶字 沈恒盛 三月二十六日進天津口

第二十四號 崇字 施翔茂 四月初三日進天津口

第二十五號 元字 陳洽茂 三月二十日進天津口

第二十六號 通字 彭恒祿 三月二十九日進天津口

第二十七號 太字 徐元福 三月二十二日進天津口

第二十八號 宗字 陳德和 三月二十七日進天津口

第二十九號 元字 孫裕禄 三月二十九日進天津口

第三十號 贛字 郭增源 三月二十日進天津口

第三十一號 贛字 郭萬源 三月二十七日進天津口

第三十二號 豈字 萬源順 三月二十三日進天津口

第三十三號 鎮字 孫長春 四月初三日進天津口

卷五　一　六萬

卷五

太倉州

派裝漕糧船十六隻

第十五號　元字沈長來　三月二十二日進天津口

第十六號　元字孫隆昌　三月十五日進天津口

第十七號　崇字龔發順　失風

第十八號　崇字錢洽利　三月二十七日進天津口

第十九號　太字張恒茂　三月二十日進天津口

第二十號　太字馬福凝　三月初三日進天津口

第二十一號　太字孫乾利　三月十七日進天津口

第二十二號　太字沙大生　三月十八日進天津口

卷五

第二十三號　海門字沙勝　三月二十日進天津口

第二十四號　太字張益茂　三月二十七日進天津口

第二十五號　太字張福茂　三月十六日進天津口

第二十六號　元字莊慶祿　三月二十八日進天津口

第二十七號　元字孫福昌　三月十九日進天津口

第二十八號　海州字陳復盛　三月二十八日進天津口

第二十九號　太字金源豐　三月二十二日進天津口

第三十號　良字馮兆泰　四月初一日進天津口

鎮洋縣

派裝漕糧船十六隻

第十三號 海州字 張萬源 三月二十七日進天津口

第十四號 太字 王福康 三月二十七日進天津口

第十五號 吳字 金再元 三月二十七日進天津口

第十六號 通字 彭聚發 三月二十四日進天津口

第十七號 堯字 金恒利 三月二十七日進天津口

第十八號 元字 孫廷齡 四月初一日進天津口

第十九號 元字 曹永祥 四月十三日進天津口

第二十號 海州字 張來亨 三月二十七日進天津口

卷五　案

第二十一號元字金恒發　四月十六日進天津口

第二十二號鎮字金福源　三月二十七日進天津口

第二十三號通字任洪茂　三月二十三日進天津口

第二十四號吳字林協利　四月初三日進天津口

第二十五號太字馬合興　四月十三日進天津口

第二十六號元字金同發　三月二十九日進天津口

第二十七號太字唐廣盛　三月三十日進天津口

第二十八號元字黃福順　四月初一日進天津口

長洲縣

派裝漕糧船二隻

第四十五號吳字應德大　四月二十日進天津口

第四十六號太字陸長發　四月二十日進天津口

卷五　完

元和縣

派裝漕糧船十九隻

第二十六號 通字 盧洪源、 四月初六日進天津口

第二十七號 鎮字 沈宏福 四月初六日進天津口

第二十八號 鶴字 郁長泰 四月十一日進天津口

第二十九號 昭字 顧永發 四月十四日進天津口

第三十號 太字 孫恒隆 四月初二日進天津口

第三十一號 崇字 唐同茂 四月十二日進天津口

第三十二號 太字 邵德發 三月二十七日進天津口

第三十三號 鎮字 張福興 五月初二日進天津口

第三十四號 鎮字 吳泰元 四月二十五日進天津口

第三十五號 通字 錢萬利 五月初四日進天津口

第三十六號 鎮字 江福高 四月二十五日進天津口

第三十七號 太字 蔡隆興 五月初二日進天津口

第三十八號 太字 張增義 四月初十日進天津口

第三十九號 江陰字 張恒福 四月十四日進天津口

第四十號 崇字 陳永和 四月二十八日進天津口

第四十一號 崑字 沈洪盛 四月初十日進天津口

第四十二號 吳江字 宋隆泰 四月初九日進天津口

第四十三號 元字 金和泰 四月十二日進天津口

第四十四號 太字 張長發

四月二十七日進天津口

卷五

六十九

[illegible]

卷五

六十九

吳縣

派裝漕糧船五隻

第二十八號 鎮字 公同順 四月十九日進天津口

第二十九號 通字 崔壽祿 五月初四日進天津口

第三十號 鎮字 孫元泰 四月初三日進天津口

第三十一號 崑字 沈福茂 三月二十二日進天津口

第三十二號 崇字 曹元吉 四月十六日進天津口

卷五

七十

吳江縣

派裝漕糧船十七隻

第二十五號 太字 馬福興 四月初四日進天津口

第二十六號 崇字 張同福 三月三十日進天津口

第二十七號 吳江字 顧永盛 三月二十日進天津口

第二十八號 崇字 周履亨 四月初八日進天津口

第二十九號 吳字 顧元壽 四月初三日進天津口

第三十號 太字 周合順 三月三十日進天津口

第三十一號 通字 彭福源 四月初六日進天津口

第三十二號 通字 彭洪福 三月二十日進天津口

卷五

第三十三號 吳字 夏長順 五月初三日進天津口

第三十四號 太字 胡福興 四月十七日進天津口

第三十五號 粛字 陳隆盛 五月初五日進天津口

第三十六號 如字 徐同順 四月十五日進天津口

第三十七號 粛字 沈隆盛 四月十六日進天津口

第三十八號 粛字 周福順 五月初七日進天津口

第三十九號 崇字 黃恒泰 五月初七日進天津口

第四十號 太字 謝德春 失風

第四十一號 昆字 陶發泰 四月十二日進天津口

七十一

震澤縣

派裝漕白糧船十二隻

第二十三號崇字王寶興　五月初三日進天津口

第二十四號崇字呂長福　四月二十七日進天津口

第二十五號鎮字金裕盛　五月初五日進天津口

第二十六號太字奚恒福　四月十六日進天津口

第二十七號通字陸全利　四月十五日進天津口

第二十八號太字張增裕　四月十三日進天津口

第二十九號太字張永利　四月初十日進天津口

第三十號太字陶福泰　四月初十日進天津口

卷五

七十一

[illegible]　卷五

第三十一號　澆字　吳恒協　四月十六日進天津口

第三十二號　太字　吳恒春　四月十九日進天津口

第三十三號　皇字　宋隆茂　四月十九日進天津口

第三十四號　崇字　王同生　四月二十五日進天津口

七十二

新陽縣

派裝漕糧船十隻

第十七號　崇字　呂豐泰　四月二十六日進天津口

第十八號　海州字　江源興　四月十五日進天津口

第十九號　海州字　武同發　四月十六日進天津口

第二十號　鎮字　江元利　五月初二日進天津口

第二十一號　崑字　柴立興　四月十八日進天津口

第二十二號　崑字　陸德來　四月初九日進天津口

第二十三號　崑字　邵德茂　四月初六日進天津口

第二十四號　鎮字　楊元福　四月十二日進天津口

第二十五號　通字　彭榮福　四月初五日進天津口

第二十六號　崇字　呂福全　五月初九日進天津口

華亭縣

派裝漕糧船五隻

第十九號 崇字顧合豐 五月初二日進天津口

第二十號 崇字宋合盛 四月初三日進天津口

第二十一號 崑字張萃泰 四月初八日進天津口

第二十二號 通字陸來順 四月初六日進天津口

第二十三號 崑字沈長茂 [illegible]月十九日進天津口

卷五

一

奉賢縣

派裝漕糧船十隻

第十五號　通字陸遂順　四月初一日進天津口

第十六號　通字陸萬順　四月初五日進天津口

第十七號　崑字郁隆興　四月十六日進天津口

第十八號　太字高介昌　四月初一日進天津口

第十九號　鎮字莊福興　四月初六日進天津口

第二十號　太字張復興　四月二十五日進天津口

第二十一號　元字金泰安　四月三十日進天津口

第二十二號　江陰字潘同順　四月十三日進天津口

卷五

七十五

卷五　七十五

第二十三號　字通　郁隆增　五月初八日進天津口

第二十四號　字鎮　孫仁發　四月初十日進天津口

婁縣

派裝漕糧船六隻

第十七號 海州字 胡茂順 五月初五日進天津口

第十八號 豫字 陳源來 五月初四日進天津口

第十九號 通字 彭裕發 四月十六日進天津口

第二十號 鎮字 管長增 四月十八日進天津口

第二十一號 崇字 陳萬興 四月十二日進天津口

第二十二號 鎮字 林錫亨 四月十七日進天津口

中[illegible][illegible]

[illegible]

卷五

[illegible]集

崑山縣

派裝漕糧船十八隻

第十五號　無字　丁湧利　四月十二日進天津口

第十六號　吳江字　顧永利　三月二十八日進天津口

第十七號　太字　吳寶興　四月初六日進天津口

第十八號　崇字　張泰貞　五月初九日進天津口

第十九號　崑字　奚恒元　四月二十日進天津口

第二十號　吳江字　謝德康　四月初一日進天津口

第二十一號　鎮字　金源盛　四月初一日進天津口

第二十二號　崑字　奚恒吉　四月十八日進天津口

卷五

北七

第二十三號 吳江字 吳恒裕 四月十八日進天津口

第二十四號 鎮字 林錫泰 五月初二日進天津口

第二十五號 太字 張恒茂 四月十八日進天津口

第二十六號 元字 張德泰 四月十六日進天津口

第二十七號 太字 吳恒昌 四月十六日進天津口

第二十八號 元字 吳恒乾 四月十四日進天津口

第二十九號 通字 錢合隆 四月二十七日進天津口

第三十號 陽字 姚長泰 五月初四日進天津口

第三十一號 崇字 趙發泰 五月初八日進天津口

第三十二號 元字 曹長發 五月初五日進天津口

金山縣

派裝漕糧船七隻

第十八號 崇字 李福元 五月初四日進天津口

第十九號 太字 沈恒茂 四月十六日進天津口

第二十號 崑字 奚恒慶 三月二十日進天津口

第二十一號 天津字 裴金順 四月初三日進天津口

第二十二號 天津字 咸 福 四月初二日進天津口

第二十三號 崇字 張復順 五月初八日進天津口

第二十四號 太字 吳恒興 三月二十九日進天津口

卷五 七十八

上海縣

派裝漕糧船十六隻

第十九號　崇字金源興　五月初二日進天津口

第二十號　如字徐復順　三月二十日進天津口

第二十一號　崇字陳源發　五月初五日進天津口

第二十二號　鎮字陳正康　五月初七日進天津口

第二十三號　元字黃豫昌　四月二十六日進天津口

第二十四號　崇字朱茂生　四月十三日進天津口

第二十五號　崇字朱履興　四月十三日進天津口

第二十六號　昭字金茂順　四月初十日進天津口

卷五

第二十七號　鎮字　周福元　五月初四日進天津口

第二十八號　鎮字　周生盛　五月初二日進天津口

第二十九號　鎮字　金長春　四月二十七日進天津口

第三十號　吳字　應得福　四月二十七日進天津口

第三十一號　崇字　陳福利　四月二十七日進天津口

第三十二號　太字　張德發　四月十七日進天津口

第三十三號　鎮字　周萬泰　五月初三日進天津口

第三十四號　崇字　陳福茂　五月初二日進天津口

七十九

陽湖縣

派裝漕糧船六隻

第二十九號　通字　毛天福　四月二十七日進天津口

第三十號　鎮字　黄遇泰　四月十三日進天津口

第三十一號　元字　黄德和　三月二十七日進天津口

第三十二號　鎮字　金裕福　三月二十日進天津口

第三十三號　崇字　吕添泰　三月二十日進天津口

第三十四號　崇字　黄增盛　三月二十九日進天津口

卷五　八十

卷五
八十

金匱縣

派裝漕糧船二隻：

第二十七號 寶字 黄洪泰 四月二十八日進天津口

第二十八號 元字 徐福盛 四月二十八日進天津口

卷五

八十一

江陰縣

派裝漕糧船十五隻

第三十號　崇字　呂永泰　四月十八日進天津口

第三十一號　興字　查恒興　四月初一日進天津口

第三十二號　通字　湯恒元　三月二十七日進天津口

第三十三號　通字　張順興　四月初八日進天津口

第三十四號　通字　江順興　四月十六日進天津口

第三十五號　通字　陸彭壽　四月初八日進天津口

第三十六號　崑字　季元禎　四月二十七日進天津口

第三十七號　太字　周永發　四月十六日進天津口

卷五　八十二

第三十八號　太字　吳源隆　四月三十日進天津口

第三十九號　榮字　王源茂　四月初十日進天津口

第四十號　黃字　吉永增　四月十三日進天津口

第四十一號　黃字　王源盛　四月十八日進天津口

第四十二號　太字　陸德茂　三月三十日進天津口

第四十三號　江陰字　潘同順　四月初十日進天津口

第四十四號　吳字　陸元發　四月十七日進天津口

荆溪縣

派裝漕糧船二隻

第十九號 鎮字 彭永全 三月十三日進天津口

第二十號 通字 彭合發 三月二十三日進天津口

卷五

八十三

丹陽縣

派裝漕糧船九隻

第十一號　崇字　范恒興　四月十二日進天津口

第十二號　太字　邵德和　三月二十三日進天津口

第十三號　崇字　陳福興　四月十三日進天津口

第十四號　崇字　俞同興　四月十六日進天津口

第十五號　江陰字　符增福　四月十六日進天津口

第十六號　太字　吳源順　四月十七日進天津口

第十七號　賓字　沈長源　四月二十二日進天津口

第十八號　太字　陶龍順　四月初六日進天津口

第十九號 元字 金保安

四月初三日進天津口

金壇縣

派裝漕糧船四隻

第十七號元字姚新泰　五月初三日進天津口

第十八號太字金隆順　四月十二日進天津口

第十九號太字謝德泰　四月十六日進天津口

第二十號元字孫同發　三月三十日進天津口

卷五

督理蘇松常鎮太糧儲道兼巡視漕河倪良燿呈為
造送事今將蘇松常鎮太五府州屬咸豐元年分海
運漕白二糧分晰漕糧正改兑正耗并白糧粳糯正
耗細款實在交倉米數開冊呈送伏候查核施行須
至冊者

計開

蘇松常鎮太五府州屬

咸豐元年分

起運漕糧項下

正兑正米七十四萬六千三百三石九斗四升四合

九勺

交倉二五耗米一十八萬六千五百七十五石九斗

八升六合六勺

改兌正米三萬五千三百五十八石二斗六升五勺

交倉一七耗米六千一十石九斗四合三勺

以上實起運交倉漕粮正耗米九十七萬四千二百

四十九石九升六合三勺

起運白粮項下

內倉上白熟粳正米二千六百八十四石

交倉五升耗米一百三十四石二斗

内倉白熟糯粳正米八百八十四石
交倉五升耗米四十四石二斗
内倉白粳正米三千五百七十五石
交倉五升耗米一百七十八石七斗五升
供用庫白熟粳正米七千一百五十七石
交倉五升耗米三百五十七石八斗五升
供用庫白粳正米二萬三千九百八十二石
交倉五升耗米一千一百九十九石一斗
光禄寺白熟粳正米九千四百六十九石
交倉三升耗米二百八十四石七升

光祿寺白粳正米一萬二千二百三十五石

交倉三升耗米三百六十七石五升

王祿白粳正米五千六百六十五石

交倉五升耗米二百八十三石二斗五升

酒醋麵局上白熟糯正米一千六百二石

交倉五升耗米八十石一斗

光祿寺白熟糯正米九百四石

交倉三升耗米二十七石一斗二升

光祿寺白糯正米八百六十八石

交倉三升耗米二十六石四升

以上實起運交倉白粮粳糯正耗共米七萬二千六石七斗三升

通共由海運津交倉漕白二粮正耗粳糯共米一百四萬六千二百五十五石八斗二升六合三勺

長洲縣

咸豐元年分

起運漕糧項下

正兑正米四萬三千五百八十三石八斗三升一合五勺

交倉二五耗米一萬八百九十五石九斗五升七合九勺

以上起運交倉漕糧正耗共米五萬四千四百七十九石七斗八升九合四勺

起運白粮項下

內倉上白熟粳正米二百四十二石

交倉五升耗米一十二石一斗

供用庫白熟粳正米九百七石
交倉五升耗米四十五石三斗五升
光祿寺白熟粳正米八百五十六石
交倉三升耗米二十五石六斗八升
王祿白粳正米二百四十五石
交倉五升耗米一十二石二斗五升
酒醋麵局工白熟糯正米二百三石
交倉五升耗米一十石一斗五升
光祿寺白熟糯正米一百一十四石
交倉三升耗米三石四斗二升

以上起運交倉白粮正耗共米二千六百七十五石九斗五升

卷六

五

無錫縣

咸豐元年分

起運漕粮項下

正兑正米二萬二千八百八十三石四斗一升七合七勺

交倉二五耗米五千七百二十石八斗五升四合四勺

以上起運交倉漕糧正耗共米二萬八千六百四石二斗七升二合一勺

起運白粮項下

内倉白熟細粳正米一百五石

交倉五升耗米五石二斗五升

内倉白粳正米三百九十九石

交倉五升耗米一十九石九斗五升

供用庫白粳正米一千六十九石

交倉五升耗米五十三石四斗五升

光禄寺白粳正米二百八十六石

交倉三升耗米八石五斗八升

王禄白粳正米一百八十六石

交倉五升耗米九石三斗

光禄寺白糯正米一百六十二石

交倉三升耗米四石八斗六升

以上起運交倉白粮正耗共米二千三百八石三斗

九升

元和縣

咸豐元年分

起運漕糧項下

正兑正米三萬八千四百八十三石四斗七升

交倉二五耗米九千六百二十石八斗六升七合五勺

以上起運交倉漕糧正耗共米四萬八千一百四石三斗三升七合五勺

起運白糧項下

内倉上白熟粳正米二百三十五石

交倉五升耗米一十一石七斗五升

供用庫白熟粳正米八百八十石

交倉五升耗米四十四石

光祿寺白熟粳正米八百三十石

交倉三升耗米二十四石九斗

王祿白粳正米二百三十七石

交倉五升耗米二十一石八斗五升

酒醋麵局上白熟糯正米一百九十七石

交倉五升耗米九石八斗五升

光祿寺白熟糯正米一百一十二石

交倉三升耗米三石三斗六升

以上起運交倉白粮正耗共米二千五百九十六石七斗一升

吳縣

咸豐元年分

起運漕糧項下

正兌正米三萬六百伍十七石一斗三升七合三勺

交倉二五耗米七千六百六十四石二斗八升四合

三勺

以上起運交倉漕糧正耗共米三萬八千三百二十

一石四斗二升一合六勺

起運白糧項下

内倉上白熟粳正米一百六十五石

交倉五升耗米八石二斗五升

供用庫白熟粳正米六百一十六石

交倉五升耗米三十石八斗

光禄寺白熟粳正米五百七十九石

交倉三升耗米一十七石三斗七升

王禄白粳正米一百六十七石

交倉五升耗米八石三斗五升

酒醋麵局上白熟糯正米一百三十七石

交倉五升耗米六石八斗五升

光禄寺白熟糯正米七十八石

交倉三升耗米二石三斗四升

以上起運交倉白粮正耗共米一千八百一十五石九斗六升

海
卷六
十二

吳江縣

咸豐元年分

起運漕糧項下

正兑正米三萬五千二百八十七石三斗五升九合

九勺

交倉二五耗米八千八百二十一石八斗四升

以上起運交倉漕粮正耗共米四萬四千一百九石

一斗九升九合九勺

起運白粮項下

内倉上白熟粳正米二百二十石

交倉五升耗米一十一石
供用庫白熟粳正米八百二十五石
交倉五升耗米四十一石二斗五升
光祿寺白熟粳正米七百七十九石
交倉三升耗米二十三石三斗七升
王祿白粳正米二百二十四石
交倉五升耗米一十一石二斗
酒醋麵局上白熟糯正米一百八十四石
交倉五升耗米九石二斗
光祿寺白熟糯正米一百四石

交倉三升耗米三石一斗二升
以上起運交倉白粮正耗共米二千四百三十五石
一斗四升

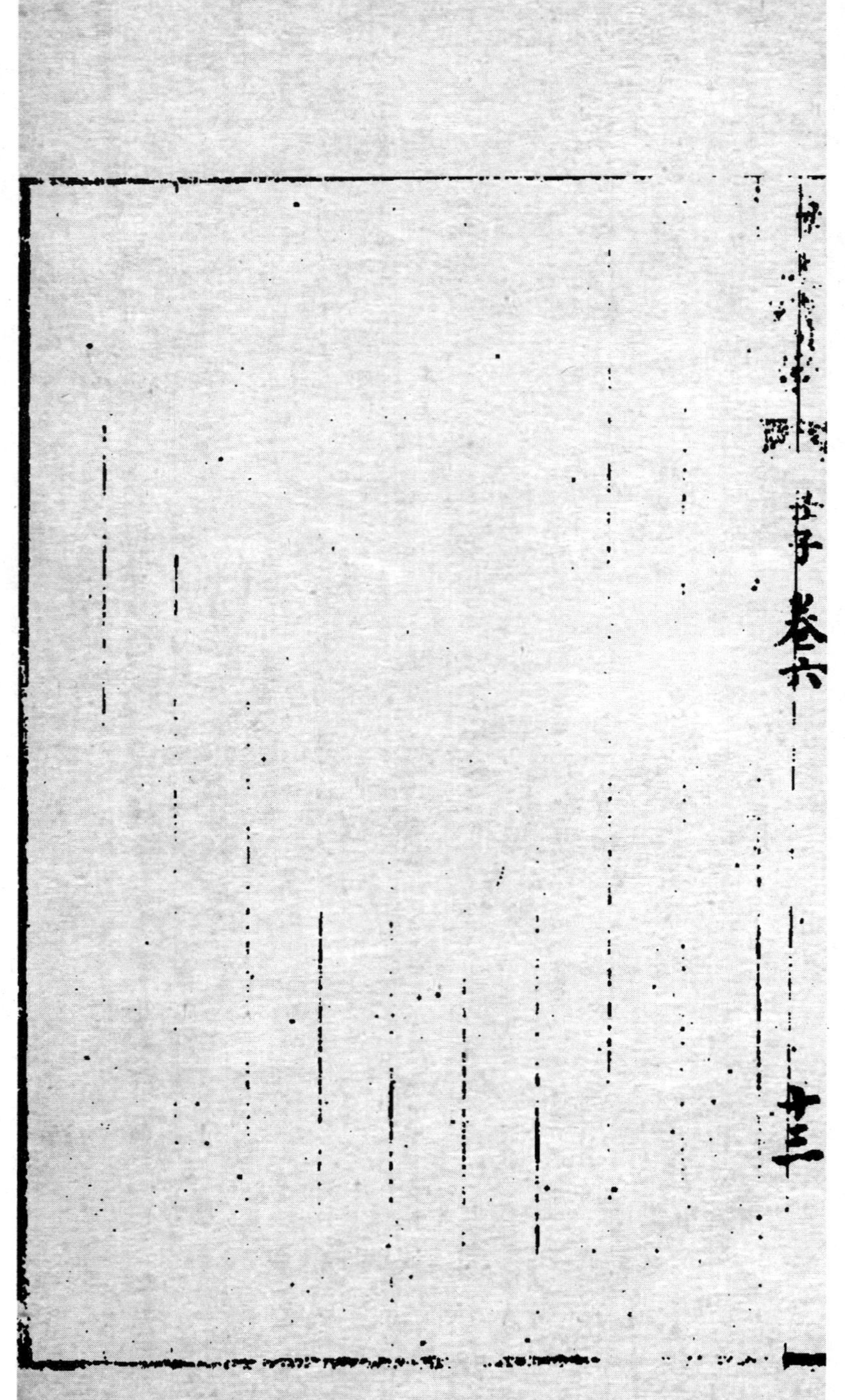
卷六
十三

震澤縣

咸豐元年分

起運漕粮項下

正兑正米三萬一千五石六斗四升九合五勺

交倉二五耗米七千七百五十一石四斗一升二合四勺

以上起運交倉漕粮正耗共米三萬八千七百五十七石六斗一合九勺

起運白粮項下

內倉上白熟粳正米二百三十九石

交倉五升耗米一十一石九斗五升
供用庫白熟粳正米八百九十四石
交倉五升耗米四十四石七斗
光禄寺白熟粳正米八百四十五石
交倉三升耗米二十五石三斗五升
王禄白粳正米二百四十一石
交倉五升耗米一十二石五升
酒醋麪局上白熟糯正米二百一石
交倉五升耗米一十石五升
光禄寺白熟糯正米一百一十三石

交倉三升耗米三石三斗九升

以上起運交倉白粮正耗共米二千六百四十石四斗九升

海異叢譚 卷十六 十五

常熟縣

咸豐元年分

起運漕粮項下

正兑正米三萬六千一百五石三斗八升二合四勺

交倉二五耗米九千二十六石三斗四升五合六勺

以上起運交倉漕粮正耗共米四萬五千一百三十

一石七斗二升八合

起運白粮項下

内倉上白熟粳正米二百三十九石

交倉五升耗米一十一石九斗五升

供用庫白熟粳正米八百九十二石
交倉五升耗米四十四石六斗
光祿寺白熟粳正米八百四十二石
交倉三升耗米二十五石二斗六升
王祿白粳正米二百三十九石
交倉五升耗米一十一石九斗五升
酒醋麪局上白熟糯正米二百石
交倉五升耗米一十石
光祿寺白熟糯正米一百一十二石
交倉三升耗米三石三斗六升

以上起運交倉白粮正耗共米二千六百三十一石一斗二升

卷六 十七

昭文縣

咸豐元年分

起運漕糧項下

正兌正米二萬五千四百七十六石三斗八升六合三勺

交倉二五耗米六千三百六十九石九升六合六勺

以上起運交倉漕糧正耗共米三萬一千八百四十五石四斗八升二合九勺

起運白糧項下

内倉上白熟粳正米一百九十五石

交倉五升耗米九石七斗五升

供用庫白熟粳正米七百二十八石

交倉五升耗米三十六石四斗

光禄寺白熟粳正米六百八十七石

交倉三升耗米二十石六斗一升

王禄白粳正米一百九十四石

交倉五升耗米九石七斗

酒醋麵局上白熟糯正米一百六十三石

交倉五升耗米八石一斗五升

光禄寺白熟糯正米九十二石

交倉三升耗米二石七斗六升

以上起運交倉白粮正耗共米二千一百四十六石

三斗七升

海運續案 [illegible]子 卷六 廿九

崑山縣
咸豐元年分
起運漕糧項下
正兑正米二萬七千八百八十石四斗九升三合六勺
交倉二五耗米六千九百七十石一斗二升三合四勺
以上起運交倉漕糧正耗共米三萬四千八百五十石六斗一升七合
起運白粮項下

内倉上白熟粳正米一百八十九石
交倉五升耗米九石四斗五升
供用庫白熟粳正米七百五石
交倉五升耗米三十五石二斗五升
光禄寺白熟粳正米六百六十四石
交倉三升耗米一十九石九斗二升
玉禄白粳正米一百九十三石
交倉五升耗米九石六斗五升
酒醋麯局上白熟糯正米一百五十四石
交倉五升耗米七石七斗

光禄寺白熟糯正米九十石

交倉三升耗米二石七斗

以上起運交倉白粮正耗共米二千七十九石六斗

七升

海運擯要 [illegible] 卷六

壹

新陽縣

咸豐元年分

起運漕粮項下

正兑正米二萬五千五十石三斗八升四合

交倉二五耗米六千二百六十二石五斗九升六合

以上起運交倉漕粮正耗共米三萬一千三百一十二石九斗八升

起運白粮項下

内倉上白熟粳正米一百九十石

交倉五升耗米九石五斗

供用庫白熟粳正米七百一十石
交倉五升耗米三十五石五斗
光祿寺白熟粳正米六百六十九石
交倉三升耗米二十石七升
王祿白粳正米一百八十五石
交倉五升耗米九石二斗五升
酒醋麵局上白熟糯正米一百六十三石
交倉五升耗米八石一斗五升
光祿寺白熟糯正米八十九石
交倉三升耗米二石六斗七升

以上起運交倉白粮正耗共米二千九十一石一斗四升

海夢僧夲 壬子 卷六

華亭縣

咸豐元年分

起運漕粮項下

正兌正米一萬六千二百七十石八斗一勺

交倉二五耗米四千六十七石七斗

改兌正米二千一百八石五斗三升五合四勺

交倉一七耗米三百五十八石四斗五升一合

以上起運交倉漕粮正耗共米二萬二千八百五石

四斗八升六合五勺

起運白粮項下

供用庫白粳正米一千六百九石

交倉五升耗米八十石四斗五升

光禄寺白粳正米一千二百六十二石

交倉三升耗米三十七石八斗六升

王禄白粳正米一百八十六石

交倉五升耗米九石三斗

以上起運交倉白粮正耗共米三千一百八十四石

六斗一升

奉賢縣

咸豐元年分

起運漕粮項下

正兑正米一萬七千六百七十二石八斗一升八合四勺

交倉二五耗米四千四百一十八石二斗四合六勺

改兑正米二千二百五十九石二斗九升九合四勺

交倉一七耗米三百八十四石八升九勺

以上起運交倉漕粮正耗共米二萬四千七百三十四石四斗三合三勺

起運白粮項下

供用庫白稉正米一千三百九十八石

交倉五升耗米六十九石九斗

光禄寺白稉正米一千九十六石

交倉三升耗米三十二石八斗八升

王禄白稉正米一百六十一石

交倉五升耗米八石五升

以上起運交倉白粮正耗共米二千七百六十五石

八斗三升

婁縣

咸豐元年分

起運漕粮項下

正兌正米一萬五千六百八十七石八升二合五勺

交倉二五耗米三千九百二十一石七斗七升六勺

改兌正米二千八十三石四斗九升八合五勺

交倉一七耗米三百五十四石一斗九升四合七勺

以上起運交倉漕粮正耗共米二萬二千四十六石

五斗四升六合三勺

起運白粮項下

供用庫白粳正米一千六百三十八石
交倉五升耗米八十一石九斗
光祿寺白粳正米一千二百八十五石
交倉三升耗米三十八石五斗五升
王祿白粳正米一百九十二石
交倉五升耗米九石六斗
以上起運交倉白粮正耗共米三千二百四十五石
五升

金山縣

咸豐元年分

起運漕糧項下

正兑正米一萬九千三十五石八斗四升二合三勺

交倉二五耗米四千七百五十八石九斗六升六勺

改兑正米二千五百四十九石三斗三升二合八勺

交倉一七耗米四百三十三石三斗八升六合六勺

以上起運交倉漕糧正耗共米二萬六千七百七十七石五斗二升二合三勺

起運白糧項下

卷六

二十七

供用庫白粳正米一千三百二十二石

交倉五升耗米六十六石一斗

光禄寺白粳正米一千三十四石

交倉三升耗米三十一石二升

王禄白粳正米一百五十石

交倉五升耗米七石五斗

以上起運交倉白粮正耗共米二千六百一十石六

斗二升

上海縣

咸豐元年分

起運漕粮項下

正兑正米三萬一千五百三十六石九斗四升二合二勺

交倉二五耗米七千八百八十四石二斗三升五合六勺

改兑正米四千二百六十石三斗二升六合三勺

交倉一七耗米七百二十四石二斗五升五合五勺

以上起運交倉漕粮正耗共米四萬四千四百五石

七斗五升九合六勺

起運白粮項下

供用庫白粳正米一千八百四十二石四斗八升

交倉五升耗米九十二石一斗二升四合

光禄寺白粳正米一千四百四十三石九斗七升五

合六勺

交倉三升耗米四十三石三斗一升九合三勺

王禄白粳正米二百一十二石六斗

交倉五升耗米一十石六斗三升

以上起運交倉白粮正耗共米三千六百四十五石

一斗十二升八合九勺

卷六

二十九

南匯縣
咸豐元年分
起運漕粮項下
正兑正米三萬一千六百三十四石七斗五升二合
二勺
交倉二五耗米七千九百八石六斗八升八合一勺
改兑正米四千一百二十五石六斗二升五合九勺
交倉一七耗米七百一石三斗五升六合四勺
以上起運交倉漕粮正耗共米四萬四千三百七十
石四斗二升二合六勺

卷六　三十

起運白粮項下
供用庫白粳正米一千八百三石一斗四升
交倉五升耗米九十石一斗五升七合
光禄寺白粳正米一千四百一十二石六斗五合
交倉三升耗米四十二石三斗七升八合一勺
王禄白粳正米二百七石四斗一升
交倉五升耗米一十石三斗七升五勺
以上起運交倉白粮正耗共米三千五百六十六石
六升六勺

青浦縣

咸豐元年分

起運漕粮項下

正兑正米二萬七千四百九十五石五斗六升二合

交倉二五耗米六千八百七十三石八斗九升五勺

改兑正米三千八百四十七石七升九合一勺

交倉一七耗米六百五十四石三合四勺

以上起運交倉漕粮正耗共米三萬八千八百七十

石五斗三升五合

起運白粮項下

供用庫白粳正米二千二百五十八石
交倉五升耗米一百一十二石九斗
光祿寺白粳正米一千七百七十一石
交倉三升耗米五十三石一斗三升
王祿白粳正米二百五十九石
交倉五升耗米一十二石九斗五升
以上起運交倉白粮正耗共米四千四百六十六石
九斗八升

川沙廳

咸豐元年分

起運漕糧項下

正兌正米二千八百九十六石四斗三升八合一勺

交倉二五耗米七百二十四石一斗九合五勺

改兌正米三百八十二石五斗一升九合九勺

交倉一七耗米六十五石二升八合四勺

以上起運交倉漕糧正耗共米四千六十八石九升五合九勺

起運白糧項下

供用庫白粳正米二百八十六石三斗八升
交倉五升耗米一十四石三斗一升九合
光禄寺白粳正米二百二十四石四斗一升九合四
勺
交倉三升耗米六石七斗三升二合六勺
玉禄白粳正米三十二石九斗九升
交倉五升耗米一石六斗四升九合五勺
以上起運交倉白粮正耗共米五百六十六石四斗
九升五勺

武進縣

咸豐元年分

起運漕粮項下

正兑正米二萬九千一百三十一石九斗七升四合八勺

交倉二五耗米七千二百八十二石九斗九升三合七勺

以上起運交倉漕粮正耗共米三萬六千四百一十四石九斗六升八合五勺

起運白粮項下

內倉白熟細粳正米一百三十四石
交倉五升耗米六石七斗
內倉白粳正米五百五十七石
交倉五升耗米二十七石八斗五升
供用庫白粳正米一千三百五十七石
交倉五升耗米六十七石八斗五升
光禄寺白粳正米四百二十六石
交倉三升耗米一十二石七斗八升
王禄白粳正米二百三十七石
交倉五升耗米一十一石八斗五升

光禄寺白糯正米一百七石

交倉三升耗米三石二斗一升

以上起運交倉白粮正耗共米二千九百四十八石

二斗四升

[illegible] 卷六 三十四

陽湖縣

咸豐元年分

起運漕糧項下

正兌正米三萬七百七十三石一斗八合五勺

交倉二五耗米七千六百九十三石二斗七升七合

一勺

以上起運交倉漕糧正耗共米三萬八千四百六十

六石三斗八升五合六勺

起運白糧項下

內倉白熟細粳正米一百四十二石

交倉五升耗米七石一斗
內倉白稉正米五百八十七石
交倉五升耗米二十九石三斗五升
供用庫白稉正米一千四百三十三石
交倉五升耗米七十一石六斗五升
光祿寺白稉正米四百五十石
交倉三升耗米一十三石五斗
王祿白稉正米二百五十石
交倉五升耗米一十二石五斗
光祿寺白糯正米一百一十四石

交倉三升耗米三石四斗二升

以上起運交倉白糧正耗共米三千一百一十三石五斗二升

卷六 三十六

金匱縣
咸豐元年分
起運漕糧項下
正兑正米二萬四千一百二十九石二斗八升一合
一勺
交倉二五耗米六千三十二石三斗二升三勺
以上起運交倉漕糧正耗共米三萬一百六十一石
六斗一合四勺
起運白糧項下
內倉白熟細粳正米一百一十一石

交倉五升耗米五石五斗五升
内倉白粳正米四百一十八石
交倉五升耗米二十石九斗
供用庫白粳正米一千一百二十七石
交倉五升耗米五十六石三斗五升
光禄寺白粳正米三百一石
交倉三升耗米九石三升
王禄白粳正米一百九十七石
交倉五升耗米九石八斗五升
光禄寺白糯正米一百七十一石

交倉三升耗米五石一斗三升

以上起運交倉白粮正耗共米二千四百三十一石八斗一升

卷六

江陰縣

咸豐元年分

起運漕糧項下

正兑正米三萬五千三百八十五石六斗一升四合

交倉二五耗米八千八百四十六石四斗三合五勺

以上起運交倉漕糧正耗共米四萬四千二百三十

二石一升七合五勺

起運白糧項下

内倉白熟細粳正米一百六十一石

交倉五升耗米八石五升

內倉白粳正米六百六十八石
交倉五升耗米三十三石四斗
供用庫白粳正米一千六百三十石
交倉五升耗米八十一石五斗
光祿寺白粳正米五百一十二石
交倉三升耗米一十五石三斗六升
王祿白粳正米二百八十四石
交倉五升耗米一十四石二斗
光祿寺白糯正米一百三十石
交倉三升耗米三石九斗

以上起運交倉白粮正耗共米三千五百四十一石四斗一升

卷六 四十

宜興縣

咸豐元年分

起運漕粮項下

正兑正米二萬五千六百七十四石三斗九升四合二勺

交倉二五耗米六千四百一十八石五斗九升八合六勺

以上起運交倉漕粮正耗共米三萬二千九十二石九斗九升二合八勺

起運白粮項下

内倉白熟細粳正米一百三十四石
交倉五升耗米六石七斗
内倉白粳正米五百五十七石
交倉五升耗米二十七石八斗五升
供用庫白粳正米一千三百五十七石
交倉五升耗米六十七石八斗五升
光禄寺白粳正米四百二十六石
交倉三升耗米一十二石七斗八升
王禄白粳正米二百三十七石
交倉五升耗米一十一石八斗五升

光祿寺白糯正米一百七石
交倉三升耗米三石二斗一升
以上起運交倉白粮正耗共米二千九百四十八石
二斗四升

壬子 卷六 四十二

荆溪縣

咸豐元年分

起運漕粮項下

正兑正米一萬七千七百八十八石七斗七升三合

四勺

交倉二五耗米四千四百四十七石一斗九升三合

四勺

以上起運交倉漕粮正耗共米二萬二千二百三十

五石九斗六升六合八勺

起運白粮項下

内倉白熟細粳正米九十七石
交倉五升耗米四石八斗五升
内倉白粳正米三百八十九石
交倉五升耗米一十九石四斗五升
供用庫白粳正米九百七十一石
交倉五升耗米四十八石五斗五升
光禄寺白粳正米三百五石
交倉三升耗米九石一斗五升
王禄白粳正米一百七十二石
交倉五升耗米八石六斗

光禄寺白糯正米七十七石
交倉三升耗米二石三斗一升
以上起運交倉白粮正耗共米二千一百三石九斗
一升

卷六
四十四

丹陽縣

咸豐元年分

起運漕粮項下

正兑正米一萬一千八百四十石九斗六升一合

交倉二五耗米二千九百六十石二斗四升三勺

改兑正米三千一百四十七石四斗五升

交倉一七耗米五百三十五石六升六合五勺

以上起運交倉漕粮正耗共米一萬八千四百八十三石七斗一升七合八勺

壬子 卷六 四十五

金壇縣

咸豐元年分

起運漕粮項下

正兑正米一萬四千七百一十六石七斗九升二合

六勺

交倉二五耗米三千六百七十九石一斗九升八合

一勺

改兑正米四千一百三十二石五斗四升四合

交倉一七耗米七百二石五斗三升二合五勺

以上起運交倉漕粮正耗共米二萬三千二百三十

海運續案 壬子 卷六 四十六

一石六升七合二勺

溧陽縣

咸豐元年分

起運漕糧項下

正兑正米二萬二千七百九十二石八斗七升六合

六勺

交倉二五耗米五千六百九十八石二斗一升九合

二勺

改兑正米六千四百六十二石四升九合二勺

交倉一七耗米一千九十八石五斗四升八合四勺

以上起運交倉漕糧正耗共米三萬六千五十一石

六斗九升三合四勺

太倉州
咸豐元年分
起運漕糧項下
正兑正米二萬七千二百四十五石七斗三升九合二勺
交倉二五耗米六千八百一十一石四斗三升四合八勺
以上起運交倉漕糧正耗共米三萬四千五十七石一斗七升四合
起運白糧項下

內倉上白熟粳正米一百五十六石

交倉五升耗米七石八斗

供用庫白粳正米五百八十五石

交倉五升耗米二十九石二斗五升

光祿寺白熟粳正米五百五十五石

交倉三升耗米一十六石六斗五升

王祿白粳正米一百五十二石

交倉五升耗米七石六斗

以上起運交倉白糧正耗共米一千五百九石三斗

鎮洋縣

咸豐元年分

起運漕糧項下

正兑正米二萬三千六百八十九石九斗八升三合

交倉二五耗米五千九百二十二石四斗九升五合八勺

以上起運交倉漕糧正耗共米二萬九千六百一十二石四斗七升八合八勺

起運白糧項下

内倉上白熟粳正米一百五十六石

交倉五升耗米七石八斗

供用庫白粳正米五百八十四石

交倉五升耗米二十九石二斗

光祿寺白熟粳正米五百四十七石

交倉三升耗米一十六石四斗一升

王祿白粳正米一百五十四石

交倉五升耗米七石七斗

以上起運交倉白糧正耗共米一千五百二石一斗

一升

嘉定縣

咸豐元年分

起運漕粮項下

正兑正米二千五百二十七石九斗七升四合七勺

交倉二五耗米六百三十一石九斗九升三合七勺

以上起運交倉漕粮正耗共米三千一百五十九石

九斗六升八合四勺

起運白粮項下

内倉上白熟粳正米二百三十三石

交倉五升六一十一石六斗五升

餘[illegible]米八百七十二石

交倉五升耗米四十三石六斗

光祿寺白熟粳正米八百二十三石

交倉三升耗米二十四石六斗九升

王祿白粳正米二百三十石

交倉五升耗米一十一石五斗

以上起運交倉白粳正耗共米二千二百四十九石四斗四升

寶山縣

咸豐元年分

起運漕糧項下

正兑正米一千九百六十二石七斗二升一合八勺

交倉二五耗米四百九十石六斗八升五勺

以上起運交倉漕糧正耗共米二千四百五十三石

四斗二合三勺

起運白糧項下

内倉上白熟粳正米二百二十五石

[illegible]八十一石二斗五升

卷六 十一

五十一

[illegible]米八百四十石
[illegible]倉五升耗米四十二石
[illegible]祿寺白熟粳正米七百九十三石
交倉三升耗米二十三石七斗九升
王祿白粳正米二百四十石
交倉五升耗米一十二石
以上起運交倉白粮正耗共米二千一百八十七石
四升